T0193178

¿Adopción?

¡Gracias a Dios por la opción!

Ana Monnar

Readers Are Leaders U.S.A., Inc.
www.ReadersAreLeadersUSA.net

Order this book online at www.trafford.com
or email orders@trafford.com

Most Trafford titles are also available at major online book retailers.

Trafford PUBLISHING® www.trafford.com
North America & international
toll-free: 844 688 6899 (USA & Canada)
fax: 812 355 4082

Our mission is to efficiently provide the world's finest, most comprehensive book publishing
service, enabling every author to experience success. To find out how to publish your book,
your way, and have it available worldwide, visit us online at www.trafford.com

Because of the dynamic nature of the Internet, any web addresses or links contained in this book may have changed
since publication and may no longer be valid. The views expressed in this work are solely those of the author and do
not necessarily reflect the views of the publisher, and the publisher hereby disclaims any responsibility for them.

ISBN: 978-1-4120-0942-3 (sc)

Print information available on the last page.

Trafford rev. 03/27/2021

Este libro se lo dedico a mis tres hijos, Alberto, Anna y Alexander. Los tres siempre serán un regalo de Dios.

Introducción

La adopción es una acción de amor para siempre. Uno se debe de sentir orgulloso sabiendo que está ayudando a seres humanos. Los padres verdaderos son los que crían, no apenas los que dan un nacimiento infantil. Hay una abundancia de niños que necesitan un hogar con una familia que los quieran, cuiden, les den cariño, seguridad, comida, educación, los ayuden a siempre tener fé en Dios y que los ayuden con qualquier otra necesidad que se presente.

Adoptar a un niño o a varios, es una responsabilidad muy grande y hermosa. Es una obligación para toda la vida, durante buenos y malos momentos. Usted amará a sus niños adoptados igualmente como sí usted le hubiera dado a lúz usted misma. ¡Los niños adoptados son muy especial, fueron escogidos!

No estoy demandando ser experta en el tópico de adopción. Solamente estoy expresándome de corazón por mis propias experiencias. Mis tres hijos, dos varones y una hembra son adoptados.

Gracias a Dios que me bendijo con tres angelitos. Los tres tienen sus momentos buenos y malos. Como qualquier otro ser humano, no son ni mejor ni péor. Comen, duermen, participan en deportes, estudian, tienen sentimientos como todo otro niño.

Depende de usted, si adoptar es para su familia. Cada persona sabe cuales son sus límites. Durante mi vida he conocido personas solteras y matrimonios que han optado adoptar. Algunos lo han hecho local con el departamento de niños y familias, abogados privado y otros decidieron ir a otros países con una agencia que los representaron. Solo usted sabe que es lo mejor para su familia.

¿Está dispuesto hacer lugar en su corazón para un grupo de hermanos, niños con necesidades médica? Saludable o enfermo, uno o varios, su estilo de vida le va a cambiar. Al principio tendrán muchas fotografías, fiestas y reuniones familiares para celebrar. Después hay que lavar mucha más ropa. La casa se va a estropiar más. Pero piense que su vida también estará mas completa.

¿Cuando fue que yo le dije a mis hijos e hija que eran adoptados? Siempre fui sincera y desde pequeños muy naturalmente les decía, "Dios ha sido tan bueno conmigo, que me ha dado tres niños adoptados. Los quiero mucho y para siempre, se porten bien o mal."

Reconocimientos

Judy Kreutzer, Guardian Ad Litem

Dr. Walter Lambert

Mary Lou Rodon-Alvarez, Abogada

Tengo tres niños que son muy animados.
Animados siempre són.
A veces prueban sus límites, mas ásperos que el profundo mar.

Pero no importa si bien o mal se portan, si tienen momentos traviesos o buenos, si actúan humilde o arrogante, luna llena o no, siempre serán queridos por su familia en su hogar por el resto de sus vidas.

Mi hijo mayor es muy especial. Él es noble, bueno y bondadoso. Su nombre es Alberto Lee.

Baloncesto es su deporte preferido. La fé, la alimentación y los deportes son su manera de vivir. Alberto tiene buenos sentimientos y sabe perdonar.

¡Mi hijo más pequeño
es especial de
maneras preciosas!
Alexander es un buen
atleta. Él es también
un fanático de
muchos deportes.

Sus pies se mueven muy rápidamente. Es muy duro para combatir.
Él es también muy divertido y dulce.

Anna Lee tiene unos ojos verdes encantadores. Alta y delgada hasta ahora es. Ella es absolutamente una jefa. Jefa de nacimiento sí lo es.

¡Mi hija del medio, es especial de muchas maneras! Ella es una hija muy cariñosa. Ama muchos deportes, especialmente correr, nadar, bailar y baloncesto.

Los tres son un regalo del cielo. Gracias a Dios por la bendición.
Con nuestros tres paquetes de alegría, la vida es positivamente un
paraíso y mucho más.

El regalo

Dale gracias a tu madre biológica

Por darte el regalo de tu vida

Por diferentes razones

Algunas madres después del nacimiento

No pueden críar

Por eso Dios bendijo a las madres adoptivas

Con el regalo de un niño adoptado

Absolutamente, sín ninguna duda

Que es una gran responsibilidad

De hacer decisiones diarias

Decisiones importantes para formar a un ser humano

Preparando los alimentos sanos

Seguridad y selección de una buena escuela

Para obtener una buena educación

No importa si durante buenos o malos momentos,

Durante enfermedades o salúd

Estoy segura, que ni por millones de dólares

Tus padres adoptivos te cambiaran jamás

Recursos para explorar. Por favor siempre consulte con su abogado antes de hacer decisiones. Los informes en este libro son sobre experiencias personales. De ninguna manera son recomendaciones. Cada familia o persona tiene que hacer sus propias decisiones.

http://www.adopt.org/

http://www.adoption.org/

http://www.adoption.com

http://www.tdprs.state.tx.us/

http://www.lapa.com/

http://www.adopt-a-child.org/
?source=overture&term=international+adoption

http://childrenshopeint.org/

http://travel.state.gov/adopt.html

http://www.readersareleadersusa.net

http://www.adoptionsites.com/

http://www.narrationsnews.com

Printed in the United States
by Baker & Taylor Publisher Services